Die Quelle der Hoffnung

Fotos und Meditationen zur Osterzeit

benno

Segen

Der Herr segne dich.
Er lasse dich wachsen
und gedeihen.
Er lasse dich blühen
und Frucht bringen.
Du bist gesegnet.
So sei nun ein Segen für viele.
Wie Christus sein Leben gab
zur Erlösung vieler.

Jörg Zink

Gott sei bei uns

Gott
sei neben uns
in Licht und in Finsternis,
Gott
sei in uns
bei Tag und bei Nacht,
Gott
sei bei uns
im Leben und im Sterben,
jetzt
und immer.

Vera-Sabine Winkler

Die Quelle unserer Hoffnung

Wie das Licht am Ostermorgen,
so leuchte uns dein Segen.
Christus ist auferstanden:
Möge sein Friede uns beflügeln
und seine Freude uns anrühren.
Christus ist auferstanden.
In diesem Glauben bewahre uns
der allmächtige Gott.

Irisches Segensgebet

Segen der Auferstehung

Durch deine Macht, Gott,
hast du Jesu Kreuz
zum Baum des Lebens verwandelt.
Durch deine Macht, Gott,
verwandelst du unsere Angst in Zuversicht,
unsere Lähmung in neuen Mut.
So wird unser Leben zu einem Gleichnis
für die Auferstehung vom Tod zum Leben.
Segne den Baum des Lebens,
damit er grüne!
Amen.

Hanna Strack

Osteraugen

Ich wünsche uns Osteraugen,
die im Tod bis zum Leben,
in der Schuld bis zur Vergebung,
in der Trennung bis zur Einheit,
in der Würde bis zur Herrlichkeit,
im Menschen bis zu Gott,
in Gott bis zum Menschen,
im Ich bis zum Du
zu sehen vermögen.
Und dazu alle österliche Kraft!

Klaus Hemmerle

Segen denken

Wenn ich »Segen« denke,
kommt mir der Frühlingsregen
in den Sinn,
der uns den Duft der Erde
atmen lässt und
– sich dem Sonnenlicht verbündend –
die Kargheit kahler Winteräste
in lichtes Grün verwandelt.

Mit jedem Frühlingstag
wächst in mir die Sehnsucht,
dass einer nicht müde wird,
behutsam regnen zu lassen
auf die Dürre meiner Tage,
das verborgene Leben
beharrlich hervorzulocken,
bis es sich endlich
ans Licht wagt.

Sabine Naegeli

Zu Himmelfahrt

Herr
Ich will dich heute preisen
Und dir Dank sagen
Halleluja

Du schenkst mir wieder festen Boden
Unter meinen zerbrechlichen Füßen
Auch wenn ich zu zweit oder mit vielen gehe
Bist du an meiner Seite

Manchmal atme ich schwer
Und stolpere den Weg entlang und befürchte:
Du hast die Erde verlassen

Doch ich bin töricht
Denn dein ist die Welt
Dein sind Himmel und Erde
Da ist kein Zwischenraum kein Unterschied
Keine Grenze

Und wenn wir gehen
Gehen wir zum Himmel
Und wenn wir kommen
Kommen wir zur Erde
Und wenn wir auf der Erde straucheln
Hebst du uns auf in den Himmel
Denn Himmel und Erde sind Bruder und Schwester

Hanns Dieter Hüsch / Uwe Seidel

Komm, Heiliger Geist

Komm Sturm.
Zerreiße die Wolken der Traurigkeit.
Lass uns die Sonne sehen.

Komm Atem des Lebens.
Hauche uns an,
damit wir unsere Gräber verlassen
und auferstehen aus Trägheit und Angst.

Komm Feuer.
Taue das Eis auf in unseren Herzen.
Öffne uns für dich und füreinander.

Komm Heiliger Geist.
Wärme,
belebe,
bewege uns.

Karl-Heinz Ronecker

Atme in mir, du Heiliger Geist

Atme in mir, du Heiliger Geist,
dass ich Heiliges denke!
Treibe mich, du Heiliger Geist,
dass ich Heiliges tue!
Locke mich, du Heiliger Geist,
dass ich Heiliges liebe!
Stärke mich, du Heiliger Geist,
dass ich Heiliges hüte!
Hüte mich, du Heiliger Geist,
dass ich es nimmer verliere!

Augustinus

Erfülle unsere Herzen

Komm, Heiliger Geist,
erfülle unsere Herzen
mit brennender Sehnsucht
nach der Wahrheit, dem rechten Weg
und dem vollen Leben.
Entzünde in uns dein Feuer,
dass wir selber davon zum Lichte werden,
das leuchtet und wärmt und tröstet.
Lass unsere schwerfälligen Zungen Worte finde
die von deiner Liebe und Schönheit sprechen.
Schaffe uns neu,
dass wir Menschen der Liebe werden,
dann werden wir das Antlitz der Erde erneuern
Komm, Heiliger Geist,
erleuchte uns,
stärke uns,
bleibe bei uns.
Amen.

Aus der Ostkirche

Sei du die Kraft!

Wenn uns die Kräfte verlassen,
sei du die Kraft, Heiliger Geist.
Wenn uns Krankheit schwächt,
sei du die Heilung, Heiliger Geist.
Wenn uns Fragen plagen,
sei du die Antwort, Heiliger Geist.
Wenn uns Sorgen quälen,
sei du die Zuversicht, Heiliger Geist.
Wenn alles hoffnungslos erscheint,
sei du ein neuer Anfang, Heiliger Geist.
Wenn der Tod naht,
sei du das Leben, Heiliger Geist.

Anton Rotzetter

Segen

Segne uns Gott
mit deinem Lebensatem.
Stärke uns Geist
mit dem Feuer deiner Liebe.
Segne uns Gott
mit deinem Frieden.

Heidi Rosenstock

BIBLIOGRAFISCHE INFORMATION DER DEUTSCHEN BIBLIOTHEK
Die Deutsche Bibliothek verzeichnet diese Publikation in der Deutschen Nationalbibliografie; detaillierte bibliografische Daten sind im Internet über http://dnb.ddb.de abrufbar.

QUELLENVERZEICHNIS

S. 6: Jörg Zink, Der Herr segne dich
© Verlag am Eschbach der Schwabenverlag AG

S. 8: Vera-Sabine Winkler
© Beratungsstelle für Gestaltung für Gottesdienste, Frankfurt am Main

S. 12: Hanna Strack
© bei der Autorin

S. 14: Klaus Hemmerle, Osteraugen, aus: Gottes Zeit – unsere Zeit. Jahreslesebuch
© Verlag Neue Stadt, München 2004, S. 59

S. 16: Antje Sabine Naegeli, Segen denken, aus: Martin Schmeisser (Hg.), Deine Güte umsorgt uns. Segen empfangen und weitergeben
© Verlag am Eschbach der Schwabenverlag AG, 7. Auflage 2001

S. 18/19: Hanns Dieter Hüsch, Zu Himmelfahrt (Psalm 19), aus: Hanns Dieter Hüsch/Uwe Seidel, Ich stehe unter Gottes Schutz, S. 57, 2005/8
© tvd-Verlag Düsseldorf, 1996

S. 20: Karl-Heinz Ronecker, Komm Heiliger Geist, aus: Neige dein Ohr
© Gütersloher Verlagshaus, Gütersloh, in der Verlagsgruppe Random House GmbH, München

S. 26: Anton Rotzetter, Sei du die Kraft, aus: Du Atem meines Lebens
© Verlag Herder, Freiburg im Breisgau, 2005

S. 28: Heidi Rosenstock, Segen
© bei der Autorin

FOTONACHWEIS

S. 7, 11, 13: Waltraud Klammet, Ohlstadt
S. 9: Cameraphoto Arte di Codato, Venezia
S. 15: Bejo Schmitz, Arenrath
S. 17: Toni Schneiders, Lindau
S. 21, 29: Rauch-Color-Dia, Michelstadt
S. 25: Werner H. Müller, Stuttgart

Wir haben uns bemüht, alle Inhaber von Text- und Bildrechten in Erfahrung zu bringen. Für zusätzliche Hinweise sind wir dankbar.

ISBN 3-7462-2004-1

Stammerstr. 11, 04159 Leipzig
www.st-benno.de
Zusammenstellung: Volker Bauch, Leipzig
Gestaltung: Ulrike Vetter, Leipzig
Gesamtherstellung: Arnold & Domnick, Leipzig